AF262378

PROJET D'AMÉLIORATION,

SOUS LE DOUBLE RAPPORT ÉCONOMIQUE ET ORGANIQUE,

DES

ADMINISTRATIONS

CIVILES, JUDICIAIRES ET MILITAIRES,

DANS LES

POSSESSIONS FRANÇAISES D'AFRIQUE DU NORD.

PAR **M. CAPPÉ**, AVOCAT,

Juge royal démissionnaire à Oran (Afrique),

ET DÉLÉGUÉ DE LA COLONIE D'ALGER PRÈS DU GOUVERNÉMENT ET
DES CHAMBRES DE LA MÉTROPOLE.

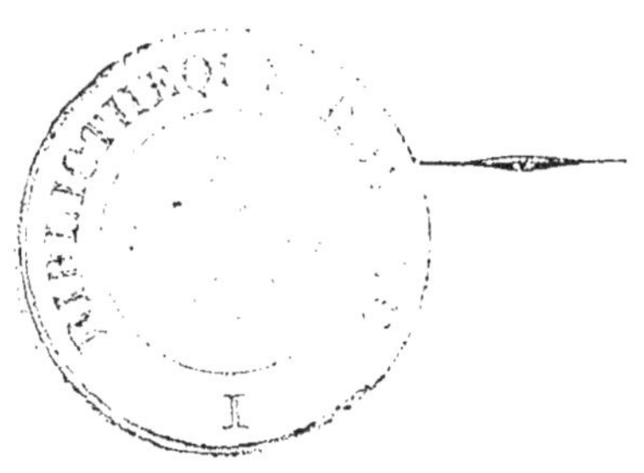

PARIS,

IMPRIMERIE DE GOETSCHY FILS, RUE LOUIS-LE-GRAND, N. 35.

15 SEPTEMBRE **1834.**

PROJET D'AMÉLIORATION

DES

ADMINISTRATIONS

CIVILES, JUDICIAIRES ET MILITAIRES,

DANS LES

POSSESSIONS FRANÇAISES D'AFRIQUE DU NORD.

Les Princes souverains, créatures ordinaires de la violence ou de la fraude et simultanément des deux causes, toujours ombrageux et perfides, n'ont jamais cessé de craindre leur chûte du trône et d'évoquer des auxiliaires à toutes les sources, pour la prévenir. Aux tems d'ignorance et de fanatisme, ils se targuaient d'une extraction divine et d'une vocation originaire, pour imposer aux hommes et les asservir. La lumière ayant dissipé ce prestige ténébreux, ils ont stipendié des séides, multiplié les charges de la Cour et de l'État, ruiné les peuples enfin pour mieux les tenir sous le joug. Cet alternatif aliment, selon les différentes époques, pouvait seul soutenir l'existence du pouvoir absolu, et encore a-t-il succombé, dans quelques contrées, sous le premier effort de l'intelligence humaine! Quelques nations et la France, qui fait dater sa délivrance des chaînes du despotisme de 89, en sont un exemple consolant; mais précédé de quelques jours de liberté et d'anarchie, l'Empire, avec ses gloires éblouissantes, fondées sur des torrents de sang, la précipita de nouveau dans l'abîme obscur de l'ilotisme, et tomba lui-même écrasé sous le poids de ses liberticides. La Restauration lui succéda et, sous un semblant mensonger de desseins libéraux imposés à son intronisation, elle conserva à son service les instrumens de puissance créés par la tyrannie, se promettant de les faire servir au retour des usurpations monarchiques des antiques règnes, et le jour où elle osa révéler ce complot, elle mourut frappée du coup qu'elle porta au pacte politique *octroyé* par sa lâche et parcimonieuse munificence ! À sa place surgirent, un gouvernement populaire, une *Charte vérité*, l'élection d'un roi et des promesses d'institutions populaires, c'est-à-dire, d'institutions loyales et bienfaisantes. Chacun alors, en déposant les armes triomphales, crut, dans un prochain avenir, à l'ordre dans les finances, à l'économie dans la gestion des affaires publiques, au dégrévement, à une équitable répartition de l'impôt et au licencement de ces cohortes nombreuses de fonctionnaires qui dévorent et traquent les imposés; fonctionnaires dont l'ordre naissant, aux applaudissemens de tous, n'avait que faire pour sa conservation. Cependant soit que le tems ou les circonstances n'aient pas encore permis ces changemens, aussi désirés que nécessaires, toutes les espérances sont restées dans l'attente des satisfactions si hautement réclamées, si solennellement garanties, et il faut croire qu'elles ne tarderont pas à s'opérer, une à une, à la faveur du calme des esprits et de l'obéissance aux lois, qui laisseront au chef de l'État et à ses ministres, fidèles sans doute au devoir, le loisir de méditer à ce grand œuvre !

Mais, s'il est long et difficile de changer l'organisation administrative et gouvernementale d'un immense empire, dont les abus profitent à tant d'individus, au détriment, il est vrai, d'un plus grand nombre, il est prompt et aisé d'instituer un bon régime là où il n'en existe aucun encore et dans des pays de peu d'étendue; c'est même un heureux à propos, pour essayer d'un nouveau mode approprié aux besoins et aux vœux unanimes d'une grande nation, d'avoir tout à fonder dans les *Possessions françaises d'Afrique du Nord*. L'occasion est trop favorable pour craindre qu'elle échappe aux sollicitudes de nos gouvernans, qui ne désirent rien tant, sans doute, que de formuler un système colonial, dont les avantages puissent être ultérieurement conférés à la métropole avec les modifications que comporteront la différence des lieux et des peuples des deux territoires.

Ainsi, après s'être posé cette règle : *Le gouvernement*

à des besoins pour l'exercice de sa mission, et les gouvernés doivent les combler, un administrateur habile commencerait par unir toutes ces divisions administratives consacrées par l'abus des faveurs et la nécessité de créatures, dans les divers modes de déterminer, de répartir et de surveiller les recettes et les dépenses des revenus publics, destinés à couvrir les frais de l'État et de la Cité. De là, sans aucune confusion, résulterait de suite une économie immense sur la gestion des services; des bras et des intélligences en nombre, rachetés de la servitude, seraient rendus à liberté d'action et de pensée; les fonctions publiques, devenues plus rares, la fiévre de les obtenir cesserait ses ravages dans l'esprit public qu'elle absorbe et corrompt, et le citoyen et la nation s'en trouveraient mieux dans l'ordre moral et dans l'ordre matériel !

Il faudrait encore dans la fixation des traitemens du petit nombre de préposés que réclamerait l'administration exigue que je conçois et dans la détermination de leurs titres, partir de ce principes que : *tout salaire doit être proportionné au travail et à la capacité requis pour chaque emploi*, et proclamer que *tout fonctionnaire consacrera huit heures de son tems par jour à ses fonctions*. Or, peronne n'ignore que pour la plupart des administrations, savoir lire, écrire, comprendre le premier livre de l'arithmétique, et avoir une pratique routinière, résume la somme totale de l'intelligence nécessaire; et, comme pour acquérir tout ce savoir, il n'a pas fallu se consacrer à de longues et dispendieuses études, on ne saurait assez limiter le prix de tels services auxquels des hommes aptes à les bien rendre ne manqueront jamais, et l'homme laborieux et utile, avec ce régime, devant seul faire partie de l'administration, tonte dignité bureaucratique aura fini son onéreuse et splendide existence sur les charges publiques. Mais dans les rares institutions, au contraire, où un haut dégré de science est indispensable, je voudrais attribuer de hauts émolumens pour en faire un objet d'émulation pour tous et la récompense des plus habiles : telles, par exemple, les administrations de la justice, de l'enregistrement et des ponts-et-chaussées.

Pour appliquer mon projet aux pays de l'Algérie, je réduirais l'administration civile à cette expression :

Section	Bureau	Emploi	Nombre	Traitement	Observations
Direction des Services.	(1) Centralisation et archives.	Intendant civil, directeur des services.	1	30,000 fr.	
		Secrétaire d'intendance, chef princip. des servi.	1	6,000	
		Premier Commis.	2	6,000	
		Deuxièmes Commis.	2	4,000	
		Garçon de bureau.	1	1,200	
1re Section, des Finances.	(2) Contributions directes.	Chef spécial inspecteur.	1	6,000	
		Chef de bureau.	1	4,000	
		Premier Commis.	1	3,000	
		Deuxièmes Commis.	2	4,000	
	(3) Domaines, enregistr. et conserv. des hypoth.	Chef de bureau.	1	5,000	Et le nombre de préposés strictement nécessaires à la surveillance active pour l'une et l'autre administration : mais je pense qu'une seule gestion suffirait à ces deux recettes de nature différente, et que la douane, augmentée d'un premier et second commis, pourrait, sans inconvénient, exercer cumulativement la mission de l'octroi.
		Premiers Commis.	3	9,000	
		Deuxièmes Commis.	2	5,000	
		Troisièmes Commis.	2	3,000	
	(4) Douanes.	Chef de bureau.	1	4,000	
		Premier Commis.	1	3,000	
		Deuxièmes Commis.	2	4,000	
	(5) Octrois.	Chef de bureau.	1	3,000	
		Premier Commis.	1	2,000	
		Deuxième Commis.	1	1,500	
		Garçons de bureau.	2	2,000	
2e Section, ponts-et-chauss.	(6) Plans et exécution de travaux.	Chef, ingénieur principal	1	6,000	Sans acception d'uniforme, tous les citoyens devant concourir au bien commun de la patrie, cette administration pourrait et devrait être confiée au génie militaire qui seul, du reste, est appelé à la confection de tous les travaux, puisqu'en général les routes à tracer et les ponts à élever sont d'ordre stratégique.
		S.-ingénieur, 1er commis.	1	4,000	
		S.-ingénieur, 2e commis.	1	3,000	
		Garçon de bureau.	1	600	
3e Section, des Postes.	(7) Correspond., envois et réception de fonds.	Chef de bureau.	1	4,000	On pourrait maintenir, sans inconvénient, la réunion des postes et du trésor, déjà existante, en donnant à cette dernière gestion un second premier commis de plus; par là seraient supprimés un chef de bureau, deux seconds commis et un garçon de bureau.
		Premier Commis.	1	3,000	
		Deuxièmes Commis.	2	4,000	
		Garçons de bureau.	1	600	
4e Section, du Trésor.	(8) Recettes et dépenses.	Chef de bureau.	1	4,000	
		Premier Commis.	1	3,000	
		Deuxièmes Commis.	2	4,000	
		Garçon de bureau.	1	600	
5e Section, police générale et ordinaire.	(9) Surveillance politique et ordre public.	Chef, commissaire chargé de la police générale.	1	5,000	
		Commissaire chargé de la police locale.	2	6,000	
		Inspecteur de police.	2	4,000	
		Garçon de bureau.	1	600	
6e Section, la Municipalité.	(10) Voirie, état-civil, étab. de bienfaisance.	Maire.	1	6,000	Les conseillers municipaux seront pris parmi les populations indigène et française de la cité, dans la proportion de leur importance respective.
		Adjoints, dont l'un indig.	2	»	
		Conseillers municipaux.	12	»	
		Chef de bureaux.	1	4,000	
		Premier Commis.	1	3,000	
		Deuxièmes Commis.	2	4,000	
		Garçon de bureau.	1	1,200	

Pour toutes ces administrations, les frais d'établissement, de logement et de bureaux, seront payés sur état forme, après scrupuleuse vérification dans les bureaux de la direction des services.

Une administration sur ce type, avec un personnel moins nombreux et des traitemens d'un quart inférieurs à ux fixés pour la cité métropolitaine, serait instituée dans chaque ressort de sous-intendance civile dont le titu- ire, comme directeur, recevrait huit mille francs d'allocations annuelles, frais de ses propres bureaux compris.

(1) Par lui-même et par le secrétaire de son département, l'intendant civil exercera une constante surveillance sur les agens des diverses administrations placées sous son autorité qui, les premiers et quinze de chaque mois, devront lui fournir un extrait de leur journal d'opérations. Les comptables de fonds lui fourniront en outre un état circonstancié de leurs recettes pendant ce même laps de tems et le récépissé à l'appui de leur versement, aux mêmes époques, au Trésor. Le Trésor également fournira un relevé, pour chaque spécialité, des mouvemens de la caisse aux jours précités. Sur ces documens, il sera fait à l'intendance un bordereau général des entrées et sorties en deniers, dont une ampliation sera adressée au ministre de la guerre et au ministre des finances.

Tous les articles de dépenses, pour les divers services, seront contrôlés et ordonnancés par l'intendant, avant leur paiement, et sous sa responsabilité.

A l'expiration de chaque exercice, les pièces de comptabilité de toute nature et de toute gestion seront inventoriées et scrupuleusement vérifiées à la direction, pour être déposées, après délivrance de décharge au déposant, aux archives de la direction.

(2) Si ce n'est pas un erreur de ma conception, je crois que l'impôt direct ou ordinaire, au cas où l'on croirait devoir déjà tirer des revenus d'un pays naissant qui doit plutôt espérer d'obtenir des faveurs, que craindre de subir des charges; je crois, dis-je, que l'impôt direct est le seul qui doive être perçu dans les tems ordinaires, et l'impôt indirect ou extraordinaire ne doit surgir qu'avec les circonstances extraordinaires, pour faire face à leurs exigences. Cependant, comme il faut tenir compte des lieux et des peuples dans l'établissement des tributs, il est convenable de signaler qu'ils ajouteront un obstacle nouveau à la pacification et à la conquête des pays de l'Algérie, s'il comprend les Arabes dans sa répartition; ainsi, dans ma pensée, les Européens, les Maures et les Israélites indigènes, propriétaires d'immeubles, dont la cause est commune avec le vainqueur, devraient seuls être atteints, au moins pendant plusieurs années.

(3) Les biens domaniaux, bien gérés, pourront, dans un utile emploi, verser des sommes importantes au Trésor. Les mutations fréquentes de propriétés et de nombreux procès qui en naissent, le commerce et l'industrie soulevant de fréquentes discussions judiciaires et donnant lieu à tant de transactions diverses, l'enregistrement sera aussi une source considérable de revenus. Le produit des inscriptions et transcriptions hypothécaires, des radiations et des certificats négatifs ou affirmatifs, aura aussi son importance dont l'intégralité devra être versée au Trésor, le préposé chargé de ce service ayant un traitement fixe.

(4) A l'égard des douanes, dans l'intérêt bien entendu des progrès rapides de la colonisation, il faudrait, sans aucun doute, en ajourner, à quatre ou cinq années, l'établissement, dans les ports de nos possessions, qui, dans un état temporaire de franchise, appelleraient les pavillons de toutes les nations pour le commerce d'importation et d'exportation. Un seul droit d'ancrage devrait être perçu sur les bâtimens étrangers, en raison de l'importance du tonnage, pour subvenir aux frais d'entretien et d'amélioration des havres et pour faciliter à la marine nationale, plus

dispendieuse, pour les armateurs, que celles de tous les autres peuples, les moyens de soutenir la concurrence avec l'étranger.

Mais si l'empressement de recueillir actuellement l'emportait sur le besoin de fonder dans un plus prochain avenir des sources abondantes de revenus publics, et que la douane fût incontinent décrétée indispensable, il y aurait raison d'équité, de politique et de justice, à distinguer les transports effectués par navires français, dont la cargaison devrait jouir de la réduction d'un tiers au moins sur les tarifs de l'impôt exigé des provenances par navires étrangers, pour favoriser la conservation et le développement, trop négligés pendant quatre années dans ces parages, de l'industrie maritime nationale, industrie noble et puissante, à laquelle l'État demande ses meilleurs marins au profit de la plus grande part de sa prépondérance au conseil des souverains de la terre et des mers !

Les navires indigènes, les *sandales*, devraient profiter de la même exception, non pas sans doute pour les mêmes motifs, mais pour nous rendre de plus en plus favorables, les naturels des port soccupés ou non par nos forces, qui répandraient au loin, dans le pays de l'Algérie, la bienveillante et désintéressée protection que le vainqueur leur accorde. Mais encore est-il exact de dire que ce que je réclame comme une grace, justifiée par de hautes considérations d'intérêt de conquête, est un véritable droit dont l'oubli serait un grave attentat commis sur des individus qui, désormais, sont membres de la grande famille, enfans adoptifs de la Métropole ?

Les approvisionnemens de première nécessité, tels que les fers ouvrés ou non, les bois de construction, les matériaux, tous les combustibles, les plantes et semis, les machines d'arts et métiers propres à l'agriculture, au commerce et à l'industrie, les comestibles de toute nature et les boissons, devraient jouir d'une complète franchise, dans tous les cas, ou au moins lorsqu'ils sont importés par des bâtimens nationaux ou indigènes.

(5) L'octroi est une nécessité de la ville et de ses nombreuses charges, toutes créées à l'avantage de ses habitans, charges dans lesquelles entreront peut-être les frais de logement des officiers de la garnison, si le mode que j'ai proposé, dans une précédente brochure, pour faire cesser la violation de la propriété qui depuis la conquête perpétue ses scandales, est adopté par le pouvoir, à son refus de faire les fonds nécessaires à cette spéciale dépense publique. Mais il importe de dispenser l'Arabe, pourvoyeur ordinaire des marchés, de cet impôt, pour prévenir une cause nouvelle de haine, en l'autorisant à vendre ses approvisionnemens *extra muros*, aux portes des villes. Cependant s'il préfère entrer dans la cité, il devra lui être loisible de le faire, et alors il supportera la charge commune ; car c'est bien assez qu'il ait la faculté de s'y soustraire pour prévenir toute récrimination de sa part,

Les fonds de l'octroi, versés au trésor, seraient tenus à la disposition de la municipalité qui en ordonnancerait *souverainement* l'emploi.

(6-7-9-10) Ces chapitres n'étant pas susceptibles de recevoir d'autres éclaircissemens, il est inutile de rien ajouter à leur énonciation.

(8) Il n'est pas nécessaire sans doute de faire ressortir la convenance de réunir, dans une même administration, les recettes et les dépenses gé-

nérales. Ce mode est vulgaire dans toute économique gestion, depuis les plus opulents comptoirs jusqu'aux plus chétives maisons de commerce, on n'en connaît pas d'autre. Ainsi au Trésor seraient versés tous les revenus, et le Trésor paierait tous les services.

Les droits de greffe des tribunaux, dont il va être parlé, entreront aussi au Trésor dans leur intégrité, les greffiers recevant des allocations spéciales pour rétribuer leurs fonctions.

Ce n'est pas encore assez, et pour remplir la mission d'utilité que la civilisation, pour ses besoins, en réclame, les Trésors de nos Possessions d'Afrique ouvriraient les facilités établies en France pour les opérations de change par l'intermédiaire des receveurs-généraux de la province et le Trésor de la capitale, non seulement entre les caisses de la colonie, mais surtout avec celles de la Métropole. L'agriculture, le commerce et l'industrie, toutes les positions enfin et la prospérité de notre conquête, se joignent pour solliciter cette amélioration dans leurs rapports.

L'administration de la justice étant celle qui exige, dans ses organes, le plus de lumières, de consistance et d'assiduité; qui doit obtenir le plus de considération et offrir le plus de garanties au maintien des lois, à l'ordre public et aux justiciables, je voudrais, pour elle, tout à la fois, de bons traitemens, surtout hors du territoire continental, où peu de magistrats sont désireux de se rendre, et l'inamovibilité pour tous sans distinction de siège et de fonctions; je les voudrais aussi assez nombreux afin que leur mission put s'accomplir avec maturité et néanmoins sans retard pour l'expédition des affaires. Dans ma pensée, deux tribunaux seraient institués en Alger, l'un de première instance et l'autre d'appel pour décerner la justice aux Européens, indépendamment des tribunaux indigènes qui seraient maintenus avec tous leurs privilèges. Celui de première instance devrait se composer de deux chambres avec *un*. et de préférence avec *trois* juges chacun, un président pour la première et un procureur du roi; un vice-président pour la seconde et un substitut du procureur du roi; celui d'appel de quatre conseillers, d'un président, d'un procureur général et de deux substituts; leurs traitemens seraient ainsi fixés :

Tribunal civil au siège d'Alger.

1 Président	10,000 f.	1 Substitut	6,000 f.
1 Vice-président	8,000	1 Greffier	4,000
5 Juges	30,000	1 Commis greffier	2,500
1 Procur. du roi	8,000		

Un semblable tribunal devrait être institué dans chaque chef-lieu d'arrondissement, mais composé d'une seule chambre avec un seul substitut, ainsi qu'un seul greffier, et le traitement de ses membres réduit d'un sixième.

Tribunal d'appel au siège d'Alger.

1 Président	14,000 f.	2 Substituts.	16,000 f.
4 Conseillers	32,000	1 Greffier	4,500
1 Pr. général	14,000	1 Commis greffier	3,000

Tribunal de commerce d'Alger.

Juridiction élective et temporaire, concédée comme un vœu des spéculateurs plutôt que comme un indispensable besoin du commerce et de l'industrie, ses membres ne recevraient aucun traitement, le Greffier seul toucherait un salaire de 3,000 fr. Les tribunaux civils, dans les chefs-lieux d'arrondissement judiciaires, auraient la connaissance des affaires commerciales.

Il importe de noter ici que les droits de greffe versés au trésor, et le coût de l'enregistrement des actes judiciaires et extra-judiciaires couvriront au moins les frais d'administration de la justice ; mais si le papier timbré, comme le fait pressentir et craindre l'ordonnance royale du 10 août, est introduit dans la colonie, de grands bénéfices résulteront de cette branche des services publics.

On comprend aisément sans doute pourquoi je désire deux chambres pour le tribunal de première instance ; c'est que devant être nécessairement appelé à connaître, entre Européens, de toutes les causes civiles et correctionnelles, de l'exécution des sentences commerciales ainsi que des référés cumulativement avec les attributions de la justice de paix, et des mêmes causes entre Musulmans et Israélites indigènes, il doit se trouver bientôt encombré d'affaires, qu'il importe à une bonne justice de vider avec maturité et promptitude. Le tribunal supérieur, bien que saisi de l'appel des jugemens rendus en premier ressort et en toute matière, n'aura pas, à beaucoup près, une si lourde charge, même en lui attribuant encore les appels des décisions rendues par le Kady et les Rabbins, juges des naturels coréligion-

naires, d'où résulterait un très grand bien pour amener
une fusion désirable plutôt par la voie de l'intérêt personnel, que par celle de la conttrainte (1); car d'un côté
la plupart des plaideurs, à la première défaite, ont le bon
esprit de renoncer au litige, et à cette salutaire dispo--
sition chez tous les hommes, l'indigène joindra encore
des scrupules religieux; d'un autre côté la plupart des
causes étant jugées souverainement par le tribunal civil,
il en reste peu susceptibles d'être déférées à la réfor-
mation. Toutes ces circonstances semblent donc vérifier
mes prévisions.

La faculté du recours en cassation était une nécessité
impérieuse, à laquelle l'ordonnance royale du 10 août
dernier a fait droit *pour l'avenir*, il est seulement à dé-
plorer qu'elle n'ait pas ouvert cette voie de réparation au
sujet aussi des sentences rendues *antérieurement* par des
magistrats incapables et prévaricateurs qui ont tant de
fois subi la corruption et fait triompher la fraude et
souvent même leurs propres turpitudes dans la double
qualité de *juges* et *parties*. Ce fait, si scandaleux, je suis
en mesure de le justifier.

Cependant rien ne fesait obstacle à la consécration
de cette œuvre de salut, sinon pour tous les cas, au moins
lorsqu'il aurait s'agi d'actions réelles ou d'actions mixtes;
car le tems qui s'est écoulé, même pour les plus an-
ciens procès, ne dépasse pas de beaucoup celui ordi-
nairement exigé pour que des causes, soumises à la Cour
suprême, atteignent leur tour d'une décision; requerait
ensuite ce remède quiconque le croirait profitable à ses
intérêts, et le pouvoir n'aurait pas à souffrir le reproche
d'avoir consacré les plus monstrueux attentats puis-
qu'ils ont été consommés au nom de la justice.

Comme il importe, au plus haut point, de faciliter les
rapports d'affaires litigieuses entre la colonie et la mé-

---

(1) Aux connaissances de la législation et de la jurisprudence nationales,
les magistrats judiciaires de la colonie devront joindre l'étude de la législation
indigène, sur laquelle, je pense, ils trouveront d'utiles renseigne-
mens dans un code civil français que j'ai annoté de toutes les dispositions
légales et coutumières analogues, empruntées spécialement au *Koran* et
aux *ulémas*, si M. l'intendant Genty, à qui je fis hommage de ce travail, a
eu la délicatesse de le laisser en Alger en opérant sa trop tardive retraite.

tropole, à l'égal des affaires amiables, dans le triple
intérêt de l'agriculture, du commerce et de l'industrie,
il serait rationnel d'abréger les délais légaux des communications judiciaires et extrajudiciaires entre les deux
pays, et de les proportionner aux distances qui les sépa-
rent ainsi qu'à la fréquence des relations que le commerce et l'État y ont établies. Dès lors, l'art. 73 du
Code de procédure civile n° 3, exigeant, dans l'espèce,
un délai de six mois pour les ajournemens et autres
actes, tandis que pour la Corse, qui ne jouit pas aujour-
d'hui d'autant de célérité pour les communications
que les villes occupées de l'Algérie, le même art. n° 2,
n'exige cependant que deux mois; c'est donc cette der-
nière disposition, sinon une plus favorable encore, qu'il
faudrait appliquer aux *Possessions françaises d'Afrique
du Nord*.

Tribunaux criminels.

Pour les matières criminelles, je voudrais un jury,
non seulement de *jugement* mais aussi d'*accusation*, et
les magistrats appelés à juger dans son sein, dans le
double intérêt de la justice et de leur considération,
n'auraient d'autre devoir que celui d'appliquer la loi
au *fait* qui serait déclaré par les paires du prévenu.
Ce vœu, je le sens, sera rejeté, moins comme im-
praticable dans une ville où l'on est convaincu de
trouver des citoyens aptes à former un tribunal de
commerce, que parce qu'il gênerait le pouvoir qui veut
partout intervenir et peser même dans la balance de la
justice pour la faire pencher au gré de ses intérêts et de
ses passions; ce n'est pas avec plus de succès que je
sollicite l'inamovibilité des juges, non pas cette inamovibilité dérisoire que nous connaissons en France, toute
au profit du magistrat et au détriment du justiciable;
mais une inamovibilité telle que les faveurs du pouvoir
ne pussent ni la circonvenir ni la corrompre, et, dans ce
but, le magistrat ne devrait obtenir ni de l'avancement, ni
des déplacemens que sur la présentation d'un candidat
par chaque ressort; supérieur, s'il s'agissait d'une vacance
ou d'une mutation dans ses rangs; inférieur, s'il s'agis-

sait d'élever un de ses membres en dignité ; par chaque barreau, s'il s'agissait de nommer un magistrat, sans distinction de dégré de position et de nature de fonctions, et le gouvernement aurait encore, dans cette disposition éminemment salutaire, une suffisante part d'action dans le choix sur toutes ces propositions. Mais le pouvoir veut être le dispensateur absolu de toutes les grâces, non pas qu'il ait foi à son infaillibilité dans la recherche du droit et du mérite ; mais pour revendiquer au besoin, le prix de sa libre préférence ; il ne veut pas non plus fonder des établissemens sur les bases tracées par le progrès de la civilisation, pour jouir plus longtems, des fruits de sa haute tutelle. Tout, dans sa pensée, doit avoir son enfance et n'arriver au nivau social, que par les exigences du tems et du peuple, qui souvent, en soulevant ses flots, rompt et disperse la digue ; je crois même que si les armes à feu n'étaient presque pas à son usage exclusif, il voudrait que les nouveaux pays tombés dans sa domination et peut-être encore ceux dont ces derniers relèvent, prissent d'abord la massue, puis la flèche, enfin le fusil à torche et, après la révolution de plusieurs siècles ou la révolte des peuples, l'instrument perfectionné pourrait être toléré. Chaque individu, sans s'aider de l'expérience des âges, devrait, à lui seul, deviner les merveilles des sciences et des arts léguées par l'antiquité. Le pouvoir, à vue courte, craint la lumière, il présage de son effusion le terme de son règne, et, si parfois elle répand quelques éclairs, c'est en dépit de sa vigilance à la dérober aux yeux et à l'intelligence. Telle est sa nature lorsqu'il émane du privilège et de l'usurpation ou simultanément de ces deux principes. J'avoue, toutefois, que le reproche de cette origine ne s'applique pas à celui de la France ! Mais si nous jetons nos regards sur ces nations, où le citoyen concourt à l'œuvre du gouvernement, c'est bien autre chose. Là toutes les institutions commencent leur existence avec tous les avantages de l'expérience et les améliorations de la pratique ; ainsi, voyez les États-Unis qui, dès leur fondation, ont successivement importé sur leur sol, les meilleures lois, les plus correctes formes administratives et judiciaires ; emprunté aux arts, au commerce et à l'industrie ce qu'ils avaient de plus parfait, et ce peuple, à son berceau était déjà le premier peuple du monde, le plus heureux et le plus prospère!

Cependant en présence de cette prudente préoccupation, nous devons proclamer, avec notre heureux destin, les généreuses et confiantes sollicitudes du gouvernement qui, pour initier, colons et indigènes de l'ancienne régence d'Alger, aux humains mystères de la justice, a bien voulu débuter dans la carrière par un progrès, accompli déjà, il est vrai, à une époque de ténèbres et de tyrannie, en instituant, dans ces pays, après quatre années de déplorables excès de violences et d'iniquités, pour les matières civiles, des magistrats amovibles, mais capables et dignes, et pour les matières criminelles, une Cour prévotale, alors qu'il aurait pu, puisant à de plus antiques sources, ressusciter le jugement de Dieu et le tribunal des tortures. C'est un bien, c'est un mieux, il faut le reconnaître; c'est une conquête sur un passé d'hier, où des juges déserteurs de divers métiers, sans honneur et sans vocation, se targuaient du sublime titre de prêtres de la loi et en exerçaient le saint ministère non pour venger les torts publics et privés, mais pour assouvir leurs ambitions et leurs ressentimens. Espérons donc quelques siècles encore en patience, et la colonie, *si elle ne se les décerne pas plus tôt et meilleures,* recevra, de la munificence de la métropole, des institutions aussi libérales que les siennes !

A l'égard de la force armée, si indispensable sur le territoire de notre récente conquête, je n'ai qu'un mot à dire : plus elle sera nombreuse, moins elle devra y séjourner; moins notre attitude sera vulnérable, plus l'émigration sera rapide, source unique, source toute-puissante de civilisation et de prospérité; mais il importe que, detestant ses antécédents, desormais elle respecte la propriété et ses fruits dont trop longtems elle a scandaleusement joui et violé les sacrés privilèges. Le premier moyen d'y parvenir c'est d'exiger que la distribution du chauffage soit faite en nature et non, presque toute, en deniers, et alors le soldat ne démolira plus les maisons de ville et de campagne pour faire cuire ses alimens ; de réprimer aussi la maraude dans les champs, généralement tolérée jusqu'à ce jour et de faire comprendre enfin à l'armée que ces attentats la déshonorent. Une observation me presse encore, observation dictée par des principes d'économie, elle consiste à signaler, cet étalage luxurieux d'administrateurs militaires à gros appointemens, à l'Intendance, aux subsistances et aux hopitaux; cette fourmilière d'officiers d'état-major de tous grades inoccuppés, et à demander que la prodigalité ne conseille pas les traitemens du gouverneur, ni les fonds mis à sa disposition intime dans les intérêts de la police générale. Je desirerais qu'il ne touchât qu'une allocation de deux tiers supérieure à celle fixée, pour son grade, par les tarifs, et qu'il publiât, à la fin de chaque exercice, les dépenses laissées à sa discrétion qui, en général, toutes consacrées à des présens aux *Sceiks* et *Marabouts*, pour se les rendre favorables, aucun d'eux ne trouverait mauvais qu'on exposât au grand jour, mais au contraire en tirerait vanité, les générosités qui sont dans leurs mœurs, et qu'ils savent d'ailleurs toujours rendre, souvent même avec usure.

Ainsi, ou à peu près organisée, la machine administrative, sans complication dans ses rouages, sans résistance dans ses ressorts, sans apathie dans ses mouvemens, sans faste dans son entretien, fonctionnerait progressivement, à l'ombre de l'ordre et de l'économie, vers le bel et prochain avenir reservé à notre conquête d'Afrique; mais pour compléter l'efficacité de ses manœuvres, elle devrait recevoir l'impulsion d'un gouverneur qui réunit, en dehors d'une grande réputation militaire, à l'exemple du maréchal Clauzel, appelé de tous les vœux sur ce siège, à de hautes capacités administratives et à une intégrité rigoureuse, l'affection profonde et la confiance absolue des habitans du pays; alors, on peut l'affirmer, accouraient en masse, de tous les points du globe civilisé, des bras et des capitaux pour arracher à cette terre si féconde, les trésors qu'elle récèle enfouis, et bientôt s'éleveraient dans son sein d'immenses fortunes privées au profit des prospérités et des gloires de la métropole et de la colonie! Le comte d'Erlon, que le roi vient de porter à cette éminente dignité, est-il ce héros? « Je souhaite, m'écrivait fin d'août, un illustre et loyal officier-général, que le comte d'Erlon, qui est un excellent homme, obtienne en Alger un plein succès! » Je

me joins à ce patriotique vœu de toute la sincérité de
mon cœur.

J'ai moins songé en traçant à la hâte ces quelques
lignes, à inspirer le gouvernement de mes vues qu'une
longue résidence en Afrique et ma position de magistrat
sur les lieux peuvent avoir suggérées, qu'à récréer une
heure, distraite aux graves études du droit et de la langue
arabe, dans l'intérêt tout spécial de mes affections ; car
il ne manque, il faut le croire, ni de bonnes intentions ni
d'excellents conseillers, pour réaliser toutes les légitimes
espérances du droit et de la justice dans un pays qu'il
vient officiellement de prendre sous sa protection et
d'incorporer aux domaines de la France sous les accla-
mations des deux peuples !